HENRI V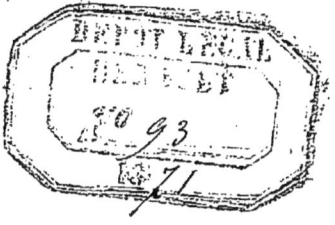

PEINT PAR LUI-MÊME

1842-1871

> Français, ralliez-vous à mon panache blanc, vous le trouverez toujours au chemin de l'honneur.
> *(Paroles de Henri IV.)*
>
> Henri V ne peut pas abandonner le drapeau blanc de Henri IV.
> *(Manifeste de Chambord.)*

---

25 CENTIMES

MONTPELLIER

TYPOGRAPHIE DE PIERRE GROLLIER, RUE DU BAYLE, 10

Chez tous les Libraires.

Il y a longtemps que la France ne sait plus ce que c'est qu'un Roi, c'est-à-dire la personnification et l'instrument de sa grandeur morale, de sa puissance matérielle, de son génie, de ses traditions, de son amour du droit, de son respect de la justice.

Si les Français ont conquis, dans le passé, une grande situation en Europe, c'est parce que, durant quatorze siècles, ils ont eu constamment à leur tête des princes de leur nation et de leur sang. L'histoire de nos rois est l'histoire de la grandeur progressive de la France, et l'absence de la monarchie nationale coïncide fatalement avec la période de nos désastres et de notre amoindrissement.

Lorsque, fatiguée par les aventures et éclairée par tant de mécomptes, la France voudra reprendre son rang politique en Europe, et son rôle d'initiatrice des grandes et nobles doctrines dans le monde, elle n'hésitera pas à revenir au principe fécond qui a fait sa grandeur et sa gloire dans le passé. En proclamant la monarchie héréditaire, elle appellera l'héritier à qui Dieu semble avoir réservé l'accomplissement de cette œuvre de réparation et de salut.

Pour bien faire connaître et montrer sous son véritable jour l'héritier de nos rois, nous sommes persuadé que ce prince ne saurait avoir de meilleur peintre que lui-même : c'est dans son admirable correspondance pendant trente ans * qu'il faut voir le vrai sens de sa politique. L'extrait fidèle que nous en donnons est destiné à prouver au pays que celui que la Providence a marqué du sceau royal est parfaitement à la hauteur de sa mission, par son patriotisme et son honnêteté, autant que par son grand amour de la France et de la justice. On verra qu'il est digne en tout point de continuer l'œuvre, trop souvent interrompue, de saint Louis, de Henri IV et de Louis XVI. Si Dieu lui permet de servir son pays, on sera convaincu après l'avoir lu, que la France comptera un grand roi de plus, et l'histoire le proclamera tout à la fois grand justicier, père du peuple et restaurateur des libertés nationales.

Montpellier, le 15 août 1871.

* V. *Correspondance de M. le Comte de Chambord.* 1 vol. in-12, Genève, 1871.

HENRI V

PEINT PAR LUI-MÊME

1842-1871

———

8 septembre 1842.

Servir la France c'est me servir moi-même ; ce sont des jours bien heureux, des jours enlevés à l'exil que ceux que je puis passer avec des amis qui peuvent si bien me parler de notre pays, eux qui consacrent si utilement, si honorablement leur vie et leurs talents à la défense de ses véritables intérêts.

9 août 1843.

Les lois injustes qui me forcent à vivre loin de la patrie ne peuvent du moins rien changer à mes sentiments, et je reste Français de cœur et d'espérance.

Il n'est que trop vrai que dans l'accomplissement de la mission que l'amiral Dumont d'Urville a eu le malheur d'accepter en 1830, il a manqué envers le Roi et ma famille aux devoirs et aux égards qui lui étaient commandés à tant de titres. Néanmoins, et en présence surtout de la terrible catastrophe qui a mis fin à sa carrière, je ne puis qu'oublier ses torts envers nous, et je ne veux me souvenir que des services que ce célèbre et intrépide navigateur a rendus à la France. En agissant ainsi, je suis les exemples qui m'ont été donnés dans tous les temps par ma famille, et je fais ce qu'aurait fait le roi mon grand-père, s'il vivait encore.

14 août 1843.

Forcé de vivre sur la terre étrangère, je suis du moins heureux et fier lorsque je puis montrer auprès de moi des amis fidèles, qui ont toujours combattu pour la France et dont le nom se rattache à la gloire de nos armes.

4 février 1844.

Je regarde les droits que je tiens de ma naissance comme appartenant à la France, et, bien loin qu'ils puissent devenir, dans un intérêt personnel, une occasion de troubles ou de malheurs pour elle, je ne veux jamais remettre le pied en France que lorsque ma présence sera utile à son bonheur et à sa gloire.

5 février 1844.

Je ne vois dans les droits que, d'après les antiques lois de la monarchie, je tiens de ma naissance, que des devoirs à remplir. La France me trouvera toujours prêt à me sacrifier pour elle.

19 février 1844.

Dieu, en me faisant naître, m'a imposé de grands devoirs envers la France ; je ne les oublierai jamais. Quand il m'appellera à les remplir, je serai prêt, sans orgueil et sans faiblesse.

19 mars 1844.

Un jour viendra, jour heureux de conciliation, où tous les hommes sincères de tous les partis, de toutes les opinions, abjurant leurs trop longues divisions, se réuniront de bonne foi sur le terrain des principes monarchiques et des libertés nationales pour servir et défendre notre commune patrie.

24 août 1844.

Je comprends combien il m'est nécessaire de connaître la vérité, et je l'accueillerai toujours avec empressement, de quelque part qu'elle me vienne; mais, en même temps, je regarde comme un devoir de repousser avec fermeté tout ce qui me paraît porter l'empreinte de la passion et avoir le caractère de l'injustice.....

Je lis qu'il faut porter un titre pour être bien reçu de moi. C'est là une odieuse calomnie que je repousse avec indignation.....

A Londres, comme à Rome, comme partout où j'ai eu le bonheur de rencontrer des Français, je les ai tous accueillis avec empressement sans distinction de rangs, de classes, de conditions, ni même d'opinions. Ce sont là, grâce à Dieu, des faits notoires qu'il ne sera pas facile d'obscurcir. Je l'ai dit et je le répète, si jamais la Providence m'ouvre les portes de la France, je ne veux pas être le roi d'une classe ni d'un parti, mais le roi de tous. Le mérite et les services seront les seules distinctions à mes yeux.

12 septembre 1844.

Tous les travaux qui tendent à maintenir la France au rang qui lui appartient, ne peuvent que m'inspirer un vif intérêt, j'aime à voir les hommes de bien et d'honneur employer utilement leurs loisirs actuels et continuer à servir, de tout leur pouvoir, cette chère patrie dont la prospérité et la gloire sont l'unique objet de mes pensées sur la terre d'exil où je suis forcé de vivre.

11 octobre 1844.

Je regarde comme un devoir d'étudier dès à présent tout ce qui se rattache à l'organisation du travail et à l'amélioration du sort des classes laborieuses. Quels que soient les desseins de la Providence sur moi, je n'oublierai jamais que le grand roi Henri IV, mon aïeul, a laissé à tous ses descendants l'exemple et le devoir d'aimer le peuple. C'est là un héritage qui ne peut m'être enlevé, et mes amis ne sauraient me rendre un meilleur service que de faire connaître ces sentiments qui sont dans mon cœur.

19 octobre 1846.

J'applaudirai toujours aux efforts qui seront faits pour rapprocher et unir entre elles toutes les classes de la société. C'est en renonçant à une vie oisive, en travaillant au bien-être du peuple, et en protégeant les intérêts du commerce et de l'industrie, que mes amis doivent chercher à dissiper les préventions qui pourraient encore exister, et à reconquérir cette influence salutaire qu'ils sont naturellement appelés à exercer, et qui peut devenir un jour si utile au pays.

J'ai particulièrement remarqué, dans le projet que vous m'avez soumis, les dispositions qui permettraient de fournir à bon marché, à la propriété et à l'agriculture, les capitaux qui leur seront nécessaires et qu'elles ne peuvent se procurer aujourd'hui qu'à des conditions ruineuses. Il existe, dans quelques parties de l'Allemagne que j'ai visitées, des institutions de crédit foncier qui ont déjà produit de très-bons résultats, et je crois qu'il serait possible de fonder avec avantage en France, par les moyens que vous proposez, des établissements de ce genre. Ils contribueraient puissamment à dégrever la propriété foncière de cette masse énorme de créances hypothécaires qui pèse sur elle et nuit aux progrès de l'agriculture, véritable source de la richesse des nations. Je verrai donc avec plaisir mes amis s'associer à des projets qui me paraissent n'avoir pour but que la prospérité de la France, et je fais bien des vœux pour que le succès vienne couronner leurs efforts.

14 janvier 1847.

Combien je sais gré à mes amis d'avoir répondu avec tant d'empressement à mon appel en faveur des classes indigentes ! Assister des Français qui souffrent, c'est me servir ! La charité de mes amis, autant que leur fidélité et leur dévoûment, me portera bonheur.

15 juin 1847.

C'est à nous de marcher à la tête du mouvement social pour lui donner une sage et utile direction, de nous montrer toujours et partout les plus empressés comme les plus habiles à faire le bien, et de prouver ainsi à la France, et principalement aux classes laborieuses, de quel côté sont leurs vrais amis et les défenseurs constants de tous leurs intérêts.

22 janvier 1848.

Je fais des vœux sincères pour que le Pape puisse accomplir avec succès la grande et difficile tâche qu'il a entreprise, et pour que ses généreux desseins en faveur de ses sujets ne soient point paralysés et compromis par l'esprit révolutionnaire qui, depuis soixante ans, a déjà été tant de fois et en tant de lieux le seul obstacle à l'établissement d'une sage et véritable liberté.

.22 janvier 1848.

Dans toutes les occasions et notamment à Londres, j'ai hautement manifesté ma conviction que le bonheur de la France ne pouvait être assuré que par l'alliance sincère des principes monarchiques avec les libertés publiques. Tout ce qui tendra à ce but aura toujours mon approbation. Ainsi, je vois avec un vif intérêt les efforts qui sont faits pour obtenir, dès à présent, la réforme de ces lois injustes qui privent le plus grand nombre des contribuables de la participation légitime qui leur appartient dans le vote de l'impôt, et qui, tenant sous le joug, par l'exagération de la centralisation administrative, les communes, les villes, les provinces, les associations diverses, les dépouillent des droits et des libertés qui leur sont le plus nécessaires.

Je m'associe également à la lutte persévérante et courageuse des catholiques de tous les partis en faveur de la liberté de l'enseignement, qui ne devrait avoir d'autres limites que l'autorité tutélaire dont un sage gouvernement ne saurait se départir dans l'intérêt de la société.

1er juin 1848.

Français avant tout, je n'ai jamais souffert, je ne souffrirai jamais que mon nom soit prononcé lorsqu'il ne pourrait être qu'une cause de division et de trouble. Mais si les espérances du pays sont encore une fois trompées, si la France, lasse enfin de toutes ces expériences qui n'aboutissent qu'à la tenir perpétuellement suspendue sur un abîme, tourne vers moi ses regards, et prononce elle-même mon nom comme un gage de sécurité et de salut, comme la garantie véritable des droits et de la liberté de tous, qu'elle se souvienne alors que mon bras, que mon cœur, que ma vie, que tout est à elle, et qu'elle peut toujours compter sur moi !

5 octobre 1848.

Mes devoirs envers la France seront toujours la règle essentielle de ma conduite. Tout ce qui peut contribuer à la sécurité, au bonheur, à la gloire de notre pays, je suis prêt à l'accomplir sans hésitation, sans arrière-pensée. Je crois que le concours de tous les hommes de cœur, de talent et d'expérience est nécessaire au rétablissement et au maintien de l'ordre dans notre patrie. Etranger et inaccessible à toutes les passions qui perpétuent les funestes discordes, je regarderai comme le plus beau jour de ma vie celui où je verrai tous les Français rapprochés par les liens d'une fraternité véritable, et la famille royale réunie à son chef dans les mêmes sentiments de respect pour tous les droits, de fidélité à tous les devoirs, d'amour et de dévouement pour la patrie.

Tous les événements passés disparaissent pour moi en présence des hauts intérêts de la France, qu'il s'agit de sauver au bord d'un effroyable abîme. J'appelle à concourir à ce grand œuvre tous les hommes distingués qui, jusqu'à ce jour, ont utilement et consciencieusement servi le pays et qui peuvent le servir encore. J'ai employé les longues années de mon exil à étudier les choses et les hommes. Je comprends les conditions que le temps et les événements ont faites à la société actuelle ; je reconnais les intérêts nouveaux qui, de toutes parts, se sont créés en France,

*

et le rang social que se sont légitimement acquis l'intelligence et la capacité. Si la Providence m'appelle sur le trône, je prouverai, je l'espère, que je connais l'étendue et la hauteur de mes devoirs. Exempt de préjugés, loin de me renfermer dans un esprit étroit d'exclusion, je m'efforcerai de faire concourir tous les talents, tous les caractères élevés, toutes les forces intellectuelles de tous les Français, à la prospérité et à la gloire de la France.

12 octobre 1848.

Quant à moi, dont la devise a toujours été : *Tout pour la France*, mon seul vœu, ma seule ambition, vous le savez, est de servir ma patrie, de me dévouer pour elle, et ceux qui m'aideront à la sauver, à lui rendre repos, liberté, prospérité, grandeur; ah! ceux-là peuvent bien compter sur toute ma reconnaissance. Ils me trouveront toujours prêt à leur tendre la main, de quelque côté qu'ils viennent.

15 janvier 1849.

L'état présent des affaires et des esprits en France, et la marche des événements font pressentir de nouvelles crises. Elles me trouveront prêt à me dévouer tout entier, avec l'aide de Dieu, à l'accomplissement des devoirs que m'imposent les droits que je tiens de ma naissance. Mais ces droits je ne les ferai jamais valoir que dans l'intérêt de ma patrie, et pour la sauver des déchirements et des périls extrêmes dont elle est menacée. Car mon règne ne saurait être ni la ressource ou l'œuvre d'une intrigue, ni la domination exclusive d'un parti.

15 septembre 1849.

Rome rendue à son souverain légitime, la ville des apôtres ramenée sous l'obéissance de celui qui a hérité de leur mission divine, ce sont là d'illustres souvenirs qui demeureront attachés aux armes françaises. J'ai éprouvé un vif sentiment de joie en voyant nos soldats ajouter cette gloire nouvelle à tant d'autres gloires qui sont notre patrimoine à tous.

16 novembre 1849.

C'est en revenant aux vrais principes de la charité chrétienne, c'est en ranimant au sein des classes pauvres cet esprit de famille qui tend à s'éteindre, que l'on peut arriver enfin à la solution du grand problème qui préoccupe aujourd'hui, avec tant de raison, tous les bons esprits et tous les cœurs généreux. Pour moi, toujours attentif à tout ce qui peut assurer l'avenir du pays, je suis charmé de voir mes amis prendre en main la cause des malheureux, et chercher tous les moyens d'améliorer leur sort, sans les flatter cependant d'espérances trompeuses.

Janvier 1850.

L'expérience que je fais tous les jours, les jours qui sont si longs hors de la patrie, m'a convaincu que le suffrage universel était devenu une grande nécessité des peuples et la condition même de leur prospérité; et si le peuple français, dont je suis de plus en plus fier d'être membre, venait jamais à moi... car je n'ai jamais cessé de venir à lui, sa conservation et le serment universel des représentants, de le maintenir et de le rendre une vérité, seraient mes premiers besoins.

Août 1850.

Je veux vous répéter à tous que si vous voulez le triomphe de notre noble et sainte cause, qui est celle de la France, il faut union et discipline... Montrez-vous donc inébranlables sur les principes, modérés et conciliants pour les personnes. Celui que vous regardez comme votre chef..... comme votre roi.... et qui, je puis le dire, est le meilleur de vos amis, ne vous donnera jamais d'autre exemple...

22 décembre 1850.

Si la Providence m'appelle à régner un jour, je ne serai pas le roi d'une seule classe, mais le roi ou plutôt le père de tous. Partout et toujours je me suis montré accessible à tous les Français sans distinction de classes ni de conditions. Je les ai tous vus, tous écoutés, tous admis à se presser autour de moi. Comment après cela pourrait-on encore me soupçonner de ne vouloir être que le roi d'une caste privilégiée, ou, pour employer les termes dont on se sert, le roi de l'ancien régime, de l'ancienne noblesse, de l'ancienne cour? J'ai toujours cru, et je suis heureux de me voir ici d'accord avec les meilleurs esprits, que désormais la cour ne peut plus être ce qu'elle était autrefois.

J'ai toujours cru également qu'il faut que toutes les classes de la nation s'unissent pour travailler de concert au salut commun, y contribuant les unes par leur expérience des affaires, les autres par l'utile influence qu'elles doivent à leur position sociale. Il faut que toutes soient engagées dans cette lutte du bien contre le mal ; que toutes y apportent le concours de leur zèle et de leur active coopération ; que toutes y prennent leur part de responsabilité, afin d'aider loyalement et efficacement le pouvoir à fonder un gouvernement qui ait tous les moyens de remplir sa haute mission, et qui soit durable.

23 janvier 1851.

Dépositaire du principe fondamental de la monarchie,

je sais que cette monarchie ne répondrait pas à tous les besoins de la France, si elle n'était en harmonie avec son état social, ses mœurs, ses intérêts, et si la France n'en reconnaissait et n'en acceptait avec confiance la nécessité. Je respecte sa civilisation et sa gloire contemporaine autant que les traditions et les souvenirs de son histoire. Les maximes qu'il a fortement à cœur et que vous avez rappelées à la tribune, mon cher Berryer, l'égalité devant la loi, la liberté de conscience, le libre accès pour tous les mérites à tous les emplois, à tous les honneurs, à tous les avantages sociaux, tous ces grands principes d'une société éclairée et chrétienne me sont chers et sacrés comme à vous, comme à tous les Français.

Donner à ces principes toutes les garanties qui lui sont nécessaires par des institutions conformes aux vœux de la nation, et fonder, d'accord avec elle, un gouvernement régulier et stable, en le plaçant sur la base de l'hérédité monarchique et sous la garde des libertés publiques à la fois fortement réglées et loyalement respectées, tel serait l'unique but de mon ambition. J'ose espérer qu'avec l'aide de tous les bons citoyens, de tous les membres de ma famille, je ne manquerais ni de courage, ni de persévérance pour accomplir cette œuvre de restauration nationale, seul moyen de rendre à la France ces longues perspectives de l'avenir, sans lesquelles le présent, même tranquille, demeure inquiet et frappé de stérilité.

Après tant de vicissitudes et d'essais infructueux, la France, éclairée par sa propre expérience, saura, j'en ai la ferme confiance, reconnaître elle-même où sont ses meilleures destinées. Le jour où elle sera convaincue que le principe traditionnel et séculaire de l'hérédité monarchique est la plus sûre garantie de la stabilité de son gouvernement, du développement de ses libertés, elle trouvera en moi un Français dévoué, empressé de rallier autour de lui toutes les capacités, tous les talents, toutes les gloires, tous les hommes qui, par leurs anciens services, ont mérité la reconnaissance du pays.

28 février 1852.

Loin de repousser personne, je serai heureux au contraire d'accueillir tous les hommes utiles, dans quelque situation politique qu'ils se soient trouvés, à quelque nuance d'opinion qu'ils appartiennent, pourvu qu'ils apportent au service de l'Etat un zèle éclairé et un véritable dévouement; car, si la Providence m'appelle à remonter un jour sur le trône de mes pères, je n'aurai pas trop du concours de tous les talents, de toutes les capacités, de tous les caractères honorables, de tous les cœurs qui aiment sincèrement leur patrie, pour m'aider à remplir les grands devoirs qui me seront imposés. Du reste, je me tiens prêt à tout ce que le Ciel peut ordonner de moi. Quoi qu'il arrive, j'aurai mon plan, mes résolutions, mes mesures arrêtées, et, le moment venu, je serai à mon poste, bien décidé à me sacrifier tout entier pour le bonheur de la France.

25 octobre 1852.

La monarchie en France c'est la Maison royale de France indissolublement unie à la nation. Mes pères et les vôtres ont traversé les siècles, travaillant de concert, selon les mœurs et les besoins du temps, au développement de notre belle patrie. Pendant quatorze cents ans, seuls entre tous les peuples de l'Europe, les Français ont toujours eu à leur tête des princes de leur nation et de leur sang. L'histoire de mes ancêtres est l'histoire de la grandeur progressive de la France, et c'est encore la monarchie qui l'a dotée de cette conquête d'Alger, si riche d'avenir, si riche déjà par les hautes renommées militaires qu'elle a créées, et dont la gloire s'ajoute à toutes vos gloires.

6 février 1853.

Quoi de plus utile, surtout dans ce temps de tristes défaillances, où toutes les notions du vrai et du faux, du juste et de l'injuste, sont confondues, que de rappeler au pays, qui semble l'avoir oublié, que la royauté est l'œuvre des siècles et non d'un jour d'anarchie et de révolte; que nul empire ne peut subsister sans la tradition monarchique; que c'est la monarchie qui a fait la France grande, forte, compacte; que la France s'est toujours personnifiée dans ses rois; que la politique du pouvoir royal, rétabli après nos malheurs, a été constamment noble, digne, respectée; que les lettres ont refleuri à l'ombre tutélaire de la royauté traditionnelle succédant au despotisme impérial; enfin, que c'est avec justice que l'histoire flétrit les excès monstrueux des tyrans révolutionnaires et qu'elle rend un douloureux et touchant hommage à la sainte mémoire de leurs augustes et innocentes victimes!

12 juin 1855.

Les associations ouvrières ont pris, depuis plusieurs années, un développement qui n'a point échappé à mon attention. En se formant dans des idées d'ordre, de moralité, d'assistance mutuelle, en régularisant leur existence sous l'autorité tutélaire des lois, et en évitant, avec les abus du monopole qui, à une autre époque, amenèrent la suppression des anciens corps de métiers, tout ce qui pourrait en faire des instruments de troubles et de révolutions, ces associations constitueront de plus en plus des intérêts collectifs sérieux qui auront naturellement droit à être représentés et entendus pour pouvoir être efficacement protégés. Du reste, ces intérêts et toutes les questions qui s'y rapportent ont été, dans tous les temps, mes amis le savent bien, l'un des principaux objets de mes méditations, et vous ne pouvez douter que mes plus vives sympathies ne soient acquises d'avance à tout ce qui tendra à l'amélioration du sort des classes laborieuses.

12 mars 1856.

Je n'ai rien à ajouter aux nombreuses manifestations que j'ai faites de mes dispositions. Elles sont toujours les mêmes et ne changeront jamais.

Exclusion de tout arbitraire; le règne et le respect des lois; l'honnêteté et le droit partout; le pays sincèrement représenté, votant l'impôt et concourant à la confection des lois; les dépenses sincèrement contrôlées; la propriété, la liberté individuelle et religieuse inviolables et sacrées; l'administration communale et départementale sagement et progressivement décentralisées; le libre accès pour tous aux honneurs et avantages sociaux; telles sont à mes yeux les véritables garanties d'un bon gouvernement, et tout mon désir est de pouvoir un jour me dévouer tout entier à l'établir en France, et à assurer ainsi le repos et le bonheur à ma patrie. Je n'ai cessé en toute occasion d'exprimer à cet égard mes intentions, mes sentiments et mes vœux. Vous pouvez et vous devez le rappeler en mon nom à tous ceux qui pourraient l'avoir oublié.

5 février 1857.

Personne ne peut mettre en question mon attachement à la France, mon respect de sa gloire, mon désir de sa grandeur et de sa liberté. Ma sympathique reconnaissance est acquise à ce qui s'est fait par elle, à toutes les époques, de bon, d'utile et de grand. Ainsi je n'ai cessé de le dire, j'ai toujours cru et je crois toujours à l'inopportunité de régler dès aujourd'hui et avant le moment où la Providence m'en imposerait le devoir, des questions que résoudront les intérêts et les vœux de notre patrie. Ce n'est pas loin de la France et sans la France qu'on peut disposer d'elle.

Je n'en conserve pas moins ma conviction profonde que c'est dans l'union de notre maison et dans les efforts communs de tous les défenseurs des institutions monarchiques que la France trouvera un jour son salut. Les plus douloureuses épreuves n'ébranleront pas ma foi.

(Lettre au duc de Nemours.)

29 mai 1857.

Nul doute que je ne sois disposé à laisser à l'Eglise la liberté qui lui appartient et qui lui est nécessaire pour le gouvernement et l'administration des choses spirituelles, et à m'entendre constamment pour cela avec le Saint-Père. Mais de leur côté, les Evêques et tous les membres du clergé ne sauraient éviter avec trop de soin de mêler la politique à l'exercice de leur ministère sacré, et de s'immiscer dans les affaires qui sont du ressort de l'autorité temporelle; ce qui n'est pas moins contraire à la dignité et aux intérêts de la religion elle-même qu'au bien de l'Etat.

26 mars 1859.

Pleine liberté de l'Eglise dans les choses spirituelles, indépendance souveraine de l'Etat dans les choses temporelles, parfait accord de l'une et de l'autre dans les questions mixtes, tels sont les principes qui, au sein des sociétés chrétiennes, doivent, aujourd'hui plus que jamais, régler les rapports des deux puissances pour le bien de la religion et le bonheur des peuples. Espérons que le temps n'est pas éloigné où l'application sincère de ces grandes et sages maximes au gouvernement des affaires humaines ouvrira au monde une ère nouvelle de prospérité, de calme et de véritable progrès.

25 janvier 1860.

Quelle possession plus antique, plus légitime, plus digne par sa faiblesse même de tous les respects, plus souvent garantie par les traités, plus universellement proclamée nécessaire au repos du monde, que le domaine temporel de la papauté? Comment ne pas reconnaître, dans cette œuvre des siècles, une disposition de la Providence qui a voulu assurer par là au chef de l'Eglise, source principale et centre vénéré de la civilisation chrétienne, l'indépendance spirituelle dont il a besoin pour remplir sa sainte et salutaire mission? Qui ne comprend qu'annuler un droit si sacré, c'est annuler tous les droits, que dépouiller le souverain dans la personne du successeur de saint Pierre, c'est menacer tous les souverains, et que renverser son trône dix fois séculaire, c'est saper le fondement de tous les trônes?

Il est triste de voir la France servir ainsi d'instrument, contre sa conscience, son cœur, ses traditions, tous ses intérêts, à des entreprises qui ne peuvent aboutir qu'à de nouveaux bouleversements. Ainsi, dans ce commun péril, aux voix épiscopales qui ont jeté le cri d'alarme, n'ont pas tardé à se joindre d'autres voix non moins courageuses, non moins zélées pour soutenir la cause du droit et celle de la liberté, confondues et attaquées toutes deux ensemble dans leur plus auguste représentant, le Pontife roi.

31 mars 1860.

Le Duc de Bourgogne avait paru destiné du Ciel, mon cher Larcy, après le glorieux règne de son immortel aïeul, à consommer l'œuvre séculaire de la royauté, et à fonder sur de solides bases le repos et la prospérité de la France, en consacrant par de sages institutions l'antique alliance de la monarchie et de la liberté, de ces deux grandes traditions nationales qui, pour le bien du pays et la paix de l'Europe, doivent se prêter constamment un mutuel appui. Mais la mort prématurée de ce jeune prince, objet de si douces espérances, les a fait évanouir. De là cette longue suite de révolutions désastreuses qui se sont perpétuées jusqu'à nous. Aujourd'hui, relever tout à la fois l'autorité royale et la liberté, en les fortifiant l'une par l'autre pour les préserver de ces cruels retours, de ces fatales alternatives d'anarchie et de despotisme, de licence et de servitude, voilà le problème. J'ai la ferme confiance qu'il me sera donné de contribuer au moins à le résoudre.

12 janvier 1861.

La violation du grand principe de l'hérédité royale a été pour la France et l'Europe un immense malheur, et le retour à cette loi fondamentale est l'unique port de salut, où elles peuvent enfin trouver le repos. En effet, comment ne pas voir aujourd'hui, après tant de mécomptes et d'essais infructueux, que la monarchie traditionnelle, appuyée sur le droit héréditaire et consacrée par le temps, peut seule rendre au pays, avec un gouvernement régulier et stable, cette sécurité de tous les droits, cette garantie de tous les intérêts, cet accord nécessaire d'une autorité forte et d'une sage liberté, qui sont les plus solides bases de l'ordre public et les plus sûrs gages du bonheur des peuples. La France sait bien que, si Dieu me rappelle sur le trône de mes pères, elle me verra empressé de rallier autour de moi tous les hommes d'intelligence et de capacité, d'honneur et de dévouement, pour mettre un terme à ses maux, assurer son avenir et lui préparer encore de longs jours de paix, de prospérité et de gloire.

7 avril 1862.

Non assurément, mon cher Rainneville, ni l'Eglise catholique, ni la monarchie traditionnelle ne sont hostiles aux doctrines de tolérance et de liberté, et loin d'être les ennemies de tout progrès bien entendu, elles en ont souvent pris la sage initiative et toujours favorisé le salutaire développement. Il est utile de rappeler cette vérité à ceux qui l'oublient.

14 novembre 1862.

L'alliance de l'autorité et de l'ordre avec la liberté, tel est le problème dont la solution préoccupe constamment la France Or ce n'est que sur la base du droit que cette alliance peut être fondée d'une manière solide et durable.

On voit plus clairement chaque jour que le despotisme et l'arbitraire corrompent fatalement et finissent par tuer l'autorité, qui trouvera au contraire ses garanties et sa force dans les institutions libres dont elle doit être entourée.

Décentraliser l'administration largement, mais progressivement et avec prudence, sans lui enlever l'initiative et la sécurité qu'elle doit à la tutelle de l'Etat, et en tenant compte des éléments qui existent comme de ceux qui se formeront, la rendre plus expéditive, plus simple, moins dispendieuse, plus équitable, parce qu'elle resterait étrangère à des combinaisons politiques désormais inutiles, ce serait déjà un grand bienfait pour le pays.

En effet, quel moyen plus puissant et plus en harmonie avec nos mœurs et les faits contemporains, pour établir à la longue au milieu de nous une hiérarchie naturelle, mobile, conforme par conséquent à l'esprit d'égalité, c'est-à-dire de justice distributive, qui est aussi nécessaire au maintien de la liberté qu'à la direction des affaires publiques ? Multiplier et mettre à la portée de chacun les occasions d'être utile en se consacrant selon ses facultés à l'administration des intérêts communs, faire que les rangs dans la société soient distribués suivant les capacités et les mérites, entretenir par un concours incessant l'émulation du dévouement, de l'intelligence et de l'activité dans des carrières constamment ouvertes à tous, et arriver ainsi à ce que l'influence et les distinctions se perpétuent avec les services rendus, c'est là ce que l'on peut légitimement se promettre de la décentralisation.

La décentralisation est seule capable de donner à la France, avec la conscience réfléchie de ses besoins, une vie pleine, active, régulière, et de permettre que le gouvernement représentatif devienne une vérité. Elle aussi peut créer les mœurs politiques, sans lesquelles les meilleures institutions se dégradent et tombent en ruines. En appelant tous les Français à s'occuper plus ou moins directement de leurs intérêts dans leurs communes, leurs cantons et leurs départements, on verra bientôt se former un personnel nombreux, qui à l'indépendance et à l'intégrité joindra l'expérience pratique des affaires. Alors les assemblées politiques, sorties pour ainsi dire des entrailles même de la nation, aideront le gouvernement à remplir sa haute mission, en lui apportant avec leur utile concours un contrôle aussi intelligent que dévoué, qui sera une force de plus, sans pouvoir être jamais un obstacle ou un péril.

De nos jours surtout, nul ne peut entièrement se soustraire au mouvement de l'opinion, et le gouvernement le plus ami du progrès ne saurait transporter du domaine de la théorie dans celui des faits, des idées qui n'auraient pas été mûries d'avance et auxquelles l'opinion publique refuserait son appui.

20 avril 1865.

L'opinion publique a le pressentiment d'une crise prochaine. Les ouvriers le partagent, et l'expression de leurs vœux après l'exposition de Londres suffit pour nous en convaincre.

Il m'a donc semblé que le moment était venu de leur montrer que nous nous occupons de leurs intérêts, que nous connaissons leurs besoins et que nous avons à cœur d'améliorer, autant qu'il en est en nous, leur situation.

Quant aux remèdes, voici ceux que les principes et l'expérience paraissent indiquer :

A l'individualisme opposer l'association, à la concurrence effrénée le contre-poids de la défense commune, au privilége industriel la constitution volontaire et réglée des corporations libres.

Il faut rendre aux ouvriers le droit de se concerter, en conciliant ce droit avec les impérieuses nécessités de la paix publique, et la concorde entre les citoyens et le respect des droits de tous. Le seul moyen d'y parvenir est la liberté d'association sagement réglée, et renfermée dans de justes bornes. Il est naturel que dans ces associations il se forme sous un nom quelconque des *syndicats*, des *délégations*, des *représentations* qui puissent entrer en relation avec les patrons ou syndicats de patrons pour régler à l'amiable les différends relatifs aux conditions du travail, et notamment au salaire. Ici, la communauté d'intérêts entre les patrons et les ouvriers sera une cause de concorde, et non d'antagonisme. La paix et l'ordre sortiront de ces délibérations, où, selon la raison et l'expérience, figureront les mandataires les plus capables et les plus conciliants des deux côtés. Une équitable satisfaction sera ainsi assurée aux ouvriers; les abus de la concurrence seront évités autant que possible, et la domination du privilége industriel resserrée en d'étroites limites.

L'autorité publique n'aura rien à craindre, car, en sauvegardant les droits d'autrui, loin d'abandonner les siens, elle en maintiendra au contraire l'exercice avec la haute influence, comme avec les moyens de force et de précautions qui lui appartiennent. Toute réunion devra être accessible aux agents du pouvoir. Aucune ne se tiendra sans une déclaration préalable, et sans que l'autorité, si elle le juge à propos, ait la faculté d'être présente. Les règlements devront lui être communiqués, et elle aura soin que jamais le but et l'objet des réunions ne puissent être ni méconnus, ni dépassés. Laissant une entière liberté aux débats et aux transactions, elle n'interviendra qu'amiablement et à la demande des deux parties, pour faciliter leur accord. Elle sera toujours en mesure de réprimer sévèrement les troubles, les manœuvres et les désordres. Des commissions mixtes, des syndicats de patrons et d'ouvriers pourront se rassembler sous son égide, pour entretenir les bons rapports et prévenir ou vider les différends.

Enfin, l'intervention généreuse des particuliers devra être admise pour venir en aide aux ouvriers, et pour exercer à leur égard, en toute indépendance et avec la pleine liberté du bien, les ministères de protection et de charité chrétienne mentionnés plus haut.

En résumé, droit d'association sous la surveillance de l'Etat, et avec le concours de cette multitude d'œuvres admirables, fruits précieux des vertus évangéliques, tels sont les principes qui semblent devoir servir efficacement à délier le nœud si compliqué de la question ouvrière.

Qui ne voit d'ailleurs que la constitution volontaire et réglée des *corporations libres* deviendrait un des éléments les plus puissants de l'ordre et de l'harmonie sociale, et que ces corporations pourraient entrer dans l'organisation de la commune et dans les bases de l'électorat et du suffrage? Considération qui touche un des points les plus graves de la politique de l'avenir.

En présence surtout des difficultés actuelles, ne semble-t-il pas que, fidèle à toutes les traditions de son glorieux passé, la royauté vraiment chrétienne et vraiment française doive faire aujourd'hui, pour l'émancipation et la prospérité morale et matérielle des classes ouvrières, ce qu'elle a fait en d'autres temps pour l'affranchissement des communes? N'est-ce pas à elle qu'il appartient d'appeler le peuple du travail à jouir de la liberté et de la paix, sous la garantie nécessaire de l'autorité, sous la tutelle spontanée du dévouement et sous les auspices de la charité chrétienne?

9 décembre 1866.

Je reconnais la profondeur du mal qui arrête au dedans l'essor de nos destinées. — Vous savez depuis longtemps les vœux que ma raison et mon cœur me dictent pour ma patrie. Est-il besoin de vous le redire ici? Un pouvoir fondé sur l'hérédité monarchique, respecté dans son principe et dans son action, sans faiblesse comme sans arbitraire, le gouvernement représentatif dans sa puissante vitalité, les dépenses publiques sérieusement contrôlées, le règne des lois, le libre accès de chacun aux emplois et aux honneurs, la liberté religieuse et les libertés civiles consacrées et hors d'atteinte, l'administration intérieure dégagée des entraves d'une centralisation excessive, la propriété foncière rendue à la vie et à l'indépendance par la diminution des charges qui pèsent sur elle, l'agriculture, le commerce, l'industrie constamment encouragés et, au-dessus de tout cela, une grande chose : l'honnêteté! l'honnêteté qui n'est pas moins une obligation dans la vie publique que dans la vie privée; l'honnêteté qui fait la valeur morale des Etats comme des particuliers.

Est-il nécessaire d'ajouter qu'après tant de déchirements, un des premiers besoins de la France, c'est l'union. La seule politique qui lui convienne, est une politique de conciliation, qui relie au lieu de séparer, qui mette en oubli toutes les anciennes dissidences, qui fasse appel à tous les dévouements, à tous les mérites, à tous les nobles cœurs qui, aimant leur patrie comme une mère, la veulent grande, libre, heureuse et honorée.

Les idées que je viens d'exprimer ont toujours été les miennes. C'étaient les idées de ma jeunesse, ce sont mes idées d'aujourd'hui, confirmées et mûries par le travail et l'expérience.

15 novembre 1869.

La France et la société tout entière sont menacées de nouvelles commotions ; aujourd'hui comme il y a dix-sept ans, je suis convaincu et j'affirme que la monarchie héréditaire est l'unique port de salut, où, après tant d'orages, la France pourra retrouver enfin le repos et le bonheur. — Poursuivre en dehors de cette monarchie la réalisation des réformes légitimes que demandent avec raison tant d'esprits éclairés, chercher la stabilité dans les combinaisons de l'arbitraire et du hasard, bannir le droit chrétien de la société, baser sur des expédients l'alliance féconde de l'autorité et de la liberté, c'est courir au devant de déceptions certaines. La France réclame à bon droit les garanties du Gouvernement représentatif, honnêtement, loyalement pratiqué, avec toutes les libertés et tout le contrôle nécessaires. Elle désire une sage décentralisation administrative et une protection efficace contre les abus d'autorité. Un gouvernement qui fait de l'honnêteté et de la probité politique la règle invariable de sa conduite, loin de redouter ces garanties et cette protection, doit au contraire les rechercher sans cesse. — Ceux qui envahissent le pouvoir sont impuissants à tenir les promesses dont ils leurrent les peuples, après chaque crise sociale, parce qu'ils sont condamnés à faire appel à leurs passions au lieu de s'appuyer sur leurs vertus. — Berryer l'a dit admirablement : « Pour eux, gouverner ce n'est plus éclairer et diriger la pensée publique, quelle qu'elle soit, il suffit de savoir la flatter ou la mépriser, ou l'éteindre. » Pour la monarchie traditionnelle, gouverner c'est s'appuyer sur les vertus de la France, c'est développer tous ses nobles instincts, c'est travailler sans relâche à lui donner ce qui fait les nations grandes et respectées, c'est vouloir qu'elle soit la première par la foi, par la puissance et par l'honneur.

1er septembre 1870.

Au milieu de toutes ces poignantes émotions, c'est une grande consolation de voir que l'esprit public, l'esprit de patriotisme ne se laisse pas abattre et grandit avec nos malheurs. Je suis heureux que nos amis aient si bien compris leurs devoirs de citoyens et de Français. Oui, avant tout, il faut repousser l'invasion, sauver à tout prix l'honneur de la France, l'intégrité de son territoire. Il faut oublier en ce moment tout dissentiment, mettre de côté toute arrière-pensée.

Nous devons au salut de notre pays toute notre énergie, notre fortune, notre sang.

La vraie mère préférait abandonner son enfant plutôt que de le voir périr.

J'éprouve ce même sentiment et je dis sans cesse : Mon Dieu, sauvez la France, dussé-je mourir sans la revoir !

9 octobre 1870.

Durant les longues années d'un exil immérité, je n'ai pas permis un seul jour que mon nom fût une cause de division et de trouble ; mais aujourd'hui qu'il peut être un gage de conciliation et de sécurité, je n'hésite pas à dire à mon pays, que je suis prêt à me dévouer tout entier à son bonheur.

Oui, la France se relèvera si, éclairée par les leçons de l'expérience, lasse de tant d'essais infructueux, elle consent à rentrer dans les voies que la Providence lui a tracées.

Chef de cette Maison de Bourbon qui, avec l'aide de Dieu et de vos pères, a constitué la France dans sa puissante unité, je devais ressentir plus profondément que tout autre l'étendue de nos désastres, et mieux qu'à tout autre, il m'appartient de les réparer.

Ne l'oubliez pas; c'est par le retour à ses traditions de foi et d'honneur que la grande nation, un moment affaiblie, recouvrera sa puissance et sa gloire.

Je vous le disais naguère : gouverner ne consiste pas à flatter les passions des peuples, mais à s'appuyer sur leurs vertus.

Ne vous laissez plus entraîner par de fatales illusions. Les institutions républicaines, qui peuvent correspondre aux aspirations de sociétés nouvelles, ne prendront jamais racine sur notre vieux sol monarchique.

Pénétré des besoins de mon temps, toute mon ambition est de fonder avec vous un gouvernement vraiment national, ayant le droit pour base, l'honnêteté pour moyen, la grandeur morale pour but.

Effaçons jusqu'au souvenir de nos dissensions passées, si funestes au développement du véritable progrès et de la vraie liberté.

Français, qu'un seul cri s'échappe de notre cœur :

Tout pour la France, par la France et avec la France !

8 mai 1871.

Sachons reconnaître enfin que l'abandon des principes est la vraie cause de nos désastres.

Une nation chrétienne ne peut pas impunément déchirer les pages séculaires de son histoire, rompre la chaîne de ses traditions, inscrire en tête de sa constitution la négation des droits de Dieu, bannir toute pensée religieuse de ses codes et de son enseignement public.

Dans ces conditions, elle ne fera jamais qu'une halte dans le désordre, elle oscillera perpétuellement entre le césarisme et l'anarchie, ces deux formes également honteuses des décadences païennes, et n'échappera pas au sort des peuples infidèles à leur mission.

C'est pourquoi, malgré ce qui reste de préjugés, tout le bon sens de la France aspire à la monarchie. Les lueurs de l'incendie lui font apercevoir le chemin; elle sent qu'il lui faut l'ordre, la justice, l'honnêteté, et qu'en dehors de la monarchie traditionnelle elle ne peut rien espérer de tout cela.

Combattez avec énergie les erreurs et les préventions qui trouvent un accès trop facile jusques dans les âmes les plus généreuses.

On dit que je prétends me faire décerner un pouvoir sans limites. Plût à Dieu qu'on n'eût pas accordé si légèrement ce pouvoir à ceux qui, dans les jours d'orage, se sont présentés sous le nom de sauveurs! nous n'aurions pas la douleur de gémir aujourd'hui sur les maux de la patrie.

Ce que je demande, vous le savez, c'est de travailler à la régénération du pays; c'est de donner l'essor à toutes ses aspirations légitimes; c'est, à la tête de toute la Maison de France, de présider à ses destinées, en soumettant avec confiance les actes du gouvernement au sérieux contrôle de représentants librement élus.

On dit que la monarchie traditionnelle est incompatible avec l'égalité de tous devant la loi.

Répétez bien que je n'ignore pas à ce point les leçons de l'histoire et les conditions de la vie des peuples.

Comment tolèrerai-je des priviléges pour d'autres, moi qui ne demande que celui de consacrer tous les instants de ma vie à la sécurité et au bonheur de la France, et d'être toujours à la peine avant d'être avec elle à l'honneur?

On dit que l'indépendance de la Papauté m'est chère, et que je suis résolu à lui obtenir d'efficaces garanties : on dit vrai.

La liberté de l'Eglise est la première condition de la paix des esprits et de l'ordre dans le monde. Protéger le Saint-Siége fut toujours l'honneur de notre patrie et la cause la plus incontestable de sa grandeur parmi les nations. Ce n'est qu'aux époques de ses plus grands malheurs que la France a abandonné ce glorieux patronage.

Croyez-le bien, je serai appelé non-seulement parce que je suis le droit, mais parce que je suis l'ordre, parce que je suis la réforme, parce que je suis le fondé de pouvoir nécessaire pour remettre en sa place ce qui n'y est pas, et gouverner, avec la justice et les lois, dans le but de réparer les maux du passé et de préparer enfin un avenir.

On se dira que j'ai la vieille épée de la France dans la main, et dans la poitrine ce cœur de roi et de père qui n'a point de parti. Je ne suis point un parti, et je ne veux pas revenir pour régner par un parti. Je n'ai ni injure à venger, ni ennemis à écarter, ni fortune à refaire, sauf celle de la France, et je puis choisir partout les ouvriers qui voudront loyalement s'associer à ce grand ouvrage.

Je ne ramène que la religion, la concorde et la paix, et je ne veux exercer de dictature que celle de la clémence, parce que dans mes mains, et dans mes mains seulement, la clémence est encore la justice.

La parole est à la France, et l'heure est à Dieu.

MANIFESTE

DE M. LE COMTE DE CHAMBORD

Français,

Je suis au milieu de vous!

Vous m'avez ouvert les portes de la France, et je n'ai pu me refuser le bonheur de revoir ma patrie.

Mais je ne veux pas donner, par ma présence prolongée, de nouveaux prétextes à l'agitation des esprits, si troublés en ce moment.

Je quitte donc ce Chambord que vous m'avez donné, et dont j'ai porté le nom avec fierté, depuis quarante ans, sur les chemins de l'exil.

En m'éloignant, je tiens à vous le dire, je ne me sépare pas de vous, la France sait que je lui appartiens.

Je ne puis oublier que le droit monarchique est le patrimoine de la nation, ni décliner les devoirs qu'il m'impose envers elle.

Ces devoirs je les remplirai, croyez-en à ma parole d'honnête homme et de Roi.

Dieu aidant, nous fonderons ensemble et quand vous le voudrez, sur les larges assises de la décentralisation administrative et des franchises locales, un gouvernement conforme aux besoins réels du pays.

Nous donnerons pour garantie à ces libertés publiques auxquelles tout peuple chrétien a droit, le suffrage universel honnêtement pratiqué et le contrôle des deux Chambres, et nous reprendrons, en lui restituant son caractère véritable, le mouvement national de la fin du dernier siècle.

Une minorité révoltée contre les vœux du pays en a fait le point de départ d'une période de démoralisation par le mensonge, et de désorganisation par la violence. Ses criminels attentats ont imposé la révolution à une nation qui ne demandait que des réformes, et l'ont dès lors poussée vers l'abîme où hier elle eût péri sans l'héroïque effort de notre armée.

Ce sont les classes laborieuses, ces ouvriers des champs et des villes, dont le sort a fait l'objet de mes plus vives préoccupations et de mes plus chères études, qui ont le plus souffert de ce désordre social.

Mais la France, cruellement désabusée par des désastres sans exemple, comprendra qu'on ne revient pas à la vérité en changeant d'erreur; qu'on n'échappe pas par des expédients à des nécessités éternelles.

Elle m'appellera, et je viendrai à elle tout entier, avec mon dévouement, mon principe et mon drapeau.

A l'occasion de ce drapeau, on a parlé de conditions que je ne dois pas subir.

Français,

Je suis prêt à tout pour aider mon pays à se relever de ses ruines et à reprendre son rang dans le monde; le seul sacrifice que je ne puisse lui faire, c'est celui de mon honneur.

Je suis et veux être de mon temps; je rends un sincère hommage à toutes ses grandeurs, et, quelle que fût la couleur du drapeau sous lequel marchaient nos soldats, j'ai admiré leur héroïsme, et rendu grâce à Dieu de tout ce que leur bravoure ajoutait au trésor des gloires de la France.

Entre vous et moi il ne doit plus subsister ni malentendu ni arrière-pensée.

Non, je ne laisserai pas, parce que l'ignorance ou la crédulité auront parlé de priviléges, d'absolutisme et d'intolérance, que sais-je encore? de dîme, de droits féodaux, fantômes que la plus audacieuse mauvaise foi essaie de ressusciter à vos yeux, je ne laisserai pas arracher de mes mains l'étendard de Henri IV, de François Ier et de Jeanne d'Arc.

C'est avec lui que s'est faite l'unité nationale; c'est avec lui que vos pères, conduits par les miens, ont conquis cette Alsace et cette Lorraine dont la fidélité sera la consolation de nos malheurs.

Il a vaincu la barbarie sur cette terre d'Afrique, témoin des premiers faits d'armes des princes de ma famille; c'est lui qui vaincra la barbarie nouvelle dont le monde est menacé.

Je le confierai sans crainte à la vaillance de notre armée; il n'a jamais suivi, elle le sait, que le chemin de l'honneur.

Je l'ai reçu comme un dépôt sacré du vieux Roi mon aïeul, mourant en exil; il a toujours été pour moi inséparable du souvenir de la patrie absente; il a flotté sur mon berceau, je veux qu'il ombrage ma tombe.

Dans les plis glorieux de cet étendard sans tâche, je vous apporterai l'ordre et la liberté.

Français,

Henri V ne peut abandonner le drapeau blanc de Henri IV.

HENRI.

Chambord, 5 juillet 1871.

www.ingramcontent.com/pod-product-compliance
Lightning Source LLC
Chambersburg PA
CBHW061017050426
42453CB00009B/1495